여행같은 인생

김광채
회고록

 도서출판 **위**

머리말

내 나이 이제 70대 후반, 인생의 황혼기를 맞이하면서 지나온 나의 인생을 「김광채 회고록」이란 제목을 달고 글을 써보면 어떨까? 하는 생각이 문득 든다.

초등학교 시절 작문 시간에 선생님이 내주신 제목에 맞춰 공책 두세 바닥에 글을 쓴 기억도 있고 또, 방학 때마다 숙제로 매일 매일 방학 일기를 처음 며칠은 날짜에 맞춰 잘 쓰다가 중간에 빼먹고 개학일이 가까워지면서 몰아치기로 써서 제출한 기억도 난다.

이렇게 길고 거창한(?) 글을 쓴다는 게 과연 끝까지 마무리를 할 수 있을지 의문이 들기도 한다.

학창 시절을 포함한 인생의 전반기는 비교적 평탄한 삶을 살아왔다고 생각하는데 후반기 일부는 어떤 계기로 정말 나락으로 떨어져 별별 인생살이를 경험하다 보니 이제 지난날이 된 과거를 글로 표현해 봐야겠다 하는 생각을 갖게 되었다.

이제, 내가 겪어온 인생을 가감 없이 기술하여 이 책을 읽는 사람들이 그 당시의 사고방식과 나의 지나온 발자취를 이해하는데 도움이 되기를 바란다.

2024년 11월 10일

김 광 채

06 여행같은 인생

차례

01_ 청소년기   09

02_ 청소년기   23

03_ 청년기 I   29

04_ 군입대   35

05_ 청년기 II   39

06_ 중년기   79

07_ 장년기   101

08_ 노년기 I   109

09_ 노년기 II   123

01

청소년기

01

청소년기

   나는 1949년 6월 19일(음력) 경기도 부천에서 아버지 김중식, 어머니 권갑순 사이에 6남매 중 다섯 번째, 막내아들로 태어났다.

   초등학교에 들어가기 전인 일곱 살 경에 아버지와 손잡고 소사역(현 부천역)에서 기차를 타고 서울 구경을 간 기억이 난다.

   서울역에 내려서 길을 건너려는데 박수를 치는 소리가 주변 여기저기서 들려 주위를 둘러보는데 아버지가 이승만 대통령이 차를 타고 지나가고 있다고 설명해주셨다. 자세히 보니 대통령이 탄 승용차가 천천히 지나가고 있었고 대통령은 차창을 내리고 밖으로 손을 흔드는 모습을 가까운 거리에서 본 기억이 생생하다.

초등학교 2, 3학년경에는 어느 더운 여름날 한강으로 물놀이하러 가자고 아버지를 졸라서 한강모래사장(인도교아래)에서 물놀이를 즐겼던 기억도 생생하다.(그 당시에는 한강 인도교 아래가 모래사장을 갖춘 물놀이 장소로 개방되던 시절이었다)

초등학교에 입학하자마자 폐결핵에 걸렸다.

그 당시(1950년대)는 6.25전쟁이 끝난지 몇

년되지 않은 때여서 주민 모두가 가난하고 생활환경도 무척 열악한 시대라서 결핵이 창궐할 때였다. 한두 달 학교를 다니다가 힘에 부쳐 그만뒀다.

집 안에 있는 책상 서랍 속에는 아버지가 사다 놓은 결핵치료 주사제인 「스트렙토마이신」병이 가득했다. 매일인지 아니면 2~3일에 한번인지는 기억이 나지 않지만, 나는 주사 맞는 날에는 서랍 속에서 「스트렙토마이신」병을 한 개 꺼내 들고 옆집에 사는 간호사 누나를 찾아가 엉덩이 주사를 맞았다. 6개월? 아니면 1년? 아니면 그 이상? 아무튼 주사를 맞은 기간이 꽤 오랫동안인 걸로 기억한다. 지금 생각해봐도 그

어린 나이에 죽지 않고 살겠다고 주사 맞을 날이 되면 마이신 병 한개를 꺼내들고 옆집 간호사 누나에게 찾아갔던 일이 대견스럽기만 하다.

그 결과로 70대 후반 이 나이까지 건강하게 지내고 있는 것이 아닌가?

이렇게 1년을 쉬고 그다음 해에 1학년으로 다시 입학했다.

초등학교를 다니는 동안 여름방학, 겨울방학이 오면 늘 교과서, 방학 숙제 등을 싸 들고 김포(원당리) 큰집으로 갔다. 거기엔 작은 집도 함께 있어 또래 사촌들 모두 합치면 대여섯 명이 되어 매일 아침밥을 먹고 나선 산으로 개울로

쏘다니며 잠자리, 매미, 방아깨비 그리고 송사리, 미꾸라지, 붕어 등을 잡으며 놀았다. (지금 김포 원당리는 천지개벽하여 대규모 아파트 단지로 탈바꿈했다)

김포 원당리와 바로 이웃한 곳에 「바리미」라는 마을이 있었다.

그 마을에 이모님이 살고 계셨다. 나는 큰집에 갈 때마다 며칠간은 이모님 댁에서 보내곤 했다. 3, 4학년쯤이다. 내가 바리미 이모님댁에 간다니까 서울에서 내려온 사촌이 같이 가고 싶다고 해서 함께 갔다. 이모님은 나를 무척 사랑하셨다. 내가 어렸을 적(아마 대여섯살?)에 집에서 무슨 일로 짜증이 나 울고 있을 때 마침 우리 집에 다니러 오신 이모님이 방으로 뛰어 들어와 얼른 등에 업으시더니 벽에 걸린 가족사진들을 손가락으로 가리키며 이건 누구야? 라며 달래 주시던 때가 생생히 기억난다.

바리미 이미님댁 안마당에서 함께 온 사촌과 놀고 있을 때 안방에 계신 이모님이 안마당으로 난 쪽문을 열고 나를 부르신다. 바로 달려갔더니 쪽문 안으로 얼굴을 들이밀란다. 나는 발은 안마당을 밟고 상반신은 쪽문 안으로 들여놨더니 이모님이 얼른 아래위에 작은 구멍을 낸 날달걀 한 개를 내주며 빨리 먹으란다. 계란이 한 개밖에 없어서 나만 먹이려고 부르신 것 같다.

그 당시엔 지금과 달리 계란은 비싸고 귀해서 특별한 날에만 먹는 식품이었다. 나는 후루루하며 얼른 먹어 치우고 다시 사촌에게 뛰어갔다.

부천남초등학교 6학년일 때 5. 16 군사혁명이 일어났다.

당시 부천에는 초등학교가 단 두 개만 있었다. 초등학교를 마친 후에는 부천에는 변변한 중학교가 없어 졸업생 대다수는 서울 또는 인천 소재 중학교로 진학했다. 그런데 당시 군사혁명정부에서 느닷없이 서울 소재 중학교에는 서울 소재 초등학교의 졸업생만 입학할 수 있다는 포고문을 발표했다. 중학생들이 서울로만 너무 몰려드는 현상을 막으려는 조치였다.

아버지는 여름 방학 중에 나를 영등포구 문
래동에 있는 작은집으로 전입시키고 서울 영등
포 국민학교로 나를 전학시켰다.

나는 영등포 국민학교를 기차를 타고 부천에
서 영등포까지 매일 통학하며 한학기(6학년 2
학기)만 다니고 졸업했다.

당시 서울 시내 중학교에 입학하기 위해서는
각 중학교마다 개별적으로 치르는 입학 필기고
사에 합격해야 했다.

나는 광화문 근처에 위치한 중동중학교에 입
학원서를 제출하고 입학 필기고사를 치렀다. 입

학시험을 치르는 날에는 굳게 닫힌 교문밖에는 각 수험생들의 부모님들로 꽉 차 있었다. 물론 아버지도 오후에 시험이 끝나 밖으로 나올 때까지 나를 기다리고 계셨다.

중동중학교에 입학 후 매일 부천역에서 서울역까지 기차로 통학했다. 지금은 전철로 서울역까지 30분 정도 걸리지만 그때는 한 시간 이상 걸렸다. 서울역에 내려서는 버스비를 아끼려고 광화문까지 걸어 다녔다. 따라서 집에서 학교까지는 보통 두 시간 가까이 걸린 셈이다. 물론 학교가 끝나 집에 갈 때도 같은 시간이 걸렸다. 매일 통학 시간이 왕복 네 시간 정도 걸렸다. 중학교 3학년이던 어느 날 매일 긴 시간 기차를 타고 학교에 가는 것이 너무 힘들고 얼굴도 핼쑥해져 가니 어느 날 학교를 결석하고 아버지와 보건소를 찾아갔다. X-레이를 찍고 나서 한참을 기다렸다. 판독 결과 "결핵 재발"로 나왔다. 판독 의사가 학교를 계속 다니면 결핵이 악화돼 죽을 수도 있다고 설명해주셨다. 다음 날 아버지는 담임 선생님께 학교를 쉬겠다고 말씀드렸다.

나는 그날부터 밥 먹고 몸도 별로 움직이지 않고 살을 찌우기 위해 빈둥빈둥 집에서만 지냈다. 하루 세 끼 식사 후마다 결핵약을 15알 정도 먹었던 기억이 난다. 동시에 소화제(원기소)도 늘 챙겨 먹고 몸보신을 위해 한약도 먹었다. 그렇게 한 달이 지나갔다. 그동안 보건소 의사의 공부하면 죽는다는 말이 머리에 박혀 학교 책은 들여다보지도 않았다.

이제 몸 상태도 많이 좋아진 것 같고 피곤함도 덜해진 듯하다.

아버지께 얘기했다. "내일부터 학교에 갈께요!"

가는 날이 장날인가 보다. 한 달을 쉬고 학교에 가니 그날이 월례고사 일이었다. 그때에는 중·고등학교 모두 매월 시험(월례고사)을 치르던 때였다. 월례고사를 치르면 그 다음날 성적순으로 적힌 명단이 전교순, 학급순으로 학교 복도에 나 붙는다. 나는 학급에서 1등, 전교 2

등으로 명단에 올라 있었다. 같은 반 친구들이
놀려댔다.

"아파서 쉰게 아니라 한 달 동안 집에서 공부
만 하고 왔구나!"

02

청소년기

02
청소년기

   중학교를 졸업 후 배재고등학교에 입학지원
서를 냈다. (경쟁률 10대 1, 지금도 생생히 기
억) 중학교 입학시험 때와 마찬가지로 이번에
도 해당 고등학교에 가서 입학 필기고사를 치
렀다.

   배재고에 합격하니, 그다음 날 조선일보, 동
아일보 등에 배재고 합격생 명단이 게재되어
직접 읽었던 기억이 난다.

배재고는 서울시청 앞 덕수궁 근처에 위치해 있다.(지금은 강남으로 이전) 중학생 때와 마찬가지로 매일 부천역에서 서울역까지 기차 통학을 했고 서울역에 내려서는 항상 몇몇 통학생 친구들과 함께 학교까지 걸어 다녔다.

고등학교 2학년 2학기 때쯤 또 몸이 늘 피곤해지고 매일 매일 기차를 타고 학교에 가는 것이 몹시 힘들게 느껴졌다.

중3 때 재발한 결핵이 완치되었다고 해서 약을 끊은 지 1년 정도 지난 무렵이었다. 다시 보건소를 찾아가 객담검사를 받고 엑스레이를 찍었다. 아니나 다를까? 세 번째 결핵 판정을 받았다.

즉시 학교에 질병으로 인한 휴학 신청서를 냈다.

6개월여의 휴학 기간 중 집에만 있으면서 약 복용 등 결핵치료에 집중했고 체력 보충을 위해 돼지고기를 특히 많이 먹었다.

이듬해 3월 개학하자 바로 학교에 다시 나갔다. 그런데 3학년 교실이 아닌 2학년 교실로 들어갔다. 수업 일수가 모자라 3학년 진급이 안되었고 나 역시 탱탱이 집에서 반년간을 놀다 3학년 교실로 들어가 공부한다는 것이 영 자신이 없었다. 따라서 나는 고등학교 2학년 1학기 과정은 두 번 다녔다. 하지만 이후 졸업할 때까

지 2년간은 공부가 늘 손에 잡히지 않았다. 학

교 성적도 늘 중위권을 벗어나지 못했다.

03

청년기 I

03

청년기 I

　고등학교 졸업 후 1차로 중앙대 전기공학과
에 지원했다.

　하지만 보기 좋게(?) 낙방했다. 당시에는 1
차 대학, 2착 대학, 3착 대학이 정해져 있었다.
1차에 떨어졌으니 2차 지원 대학으로는 한국
전력에서 운영하는 한전 공과대학(후에 홍익대
이공대와 합병)에 지원해 합격했다. 입학식 날
입학 성적 전체 2위로 장학금을 받았다. 장학

금으로 제일 먼저 애연가이신 할머니께 담배를 두보루 사다 드렸다.

한전공대 2학년 1학기를 마쳤다. 이 학교를 졸업하면 자동으로 한전 입사가 가능하다. 고민이 생겼다. 이 학교를 계속 다닐까? 아니면 자퇴할까? 전공과목을 빼놓고는 모든 게 마음에 들지 않았다. 교우관계도 그렇고, 시설도 그렇고, 교수진도 전임이 아닌 외부 강사가 절반 가까이 된다. 결국 2학기 등록을 포기하고 다른 대학 편입시험을 보기로 했다.

마침 편입시험 준비를 하고 있던 고교 동창생과 함께 매일 아침 남산에 있는 국립도서관으로 도시락 싸 들고 가서 밤늦도록 편입시험 준비를 했다. 정말 무섭게 공부만 했다. 편입시험 과목은 국어, 영어, 수학 그리고 선택과목 화학 등 총 네 과목이었다.

화학 과목은 혼자 공부하는데 한계를 느껴 단과학원에 등록해 다녔다. 그렇게 7~8개월을 보내고 이듬해 2월 편입시험을 통해 고려대 전기공학과 2학년으로 편입학했다. 이 당시엔 대학생들도 교복을 입고 모자를 쓰고 학교를 다녔다. 소위 명문대 학생들은 대학 4학년 때까지도 약 80%가 교복·모자를 착용하고 다녔다. 뻐기고 다녔다는 뜻이다.

입학해보니 모든게 달랐다. 교수진도 거의 전임으로만 구성되어 있고 학생들 또한 긍지와 자부심으로 가득찼다.

나는 그때부터 전공과목 외에 영어를 집중해서 공부하기로 했다. KBS 영어 회화 강좌를 듣고 영어 회화 학원에도 등록해 다녔다. 그리고 학교가 끝나면 도서관에서 영어소설책들을 읽기 시작했다.

내자동에서 창설되어 20년째 운영되어 온 NAEJA English Academy라는 교외 영어 회화 서클에 가입했다. 종로 태화관에 강의실이 있었고 서울 시내 여러 대학 학생들로 이루어진 이 단체에서 화·목·토 주 3회 두 시간씩 영어 회화를 공부했다. 용산에 주둔하던 주한 미군 3명(advisor로 불리었음)이 요일별로 번갈아 나와서 발음, 화법 등을 교정해주며 학생들을 지도했다.

항상 두 시간 수업이 끝나면 근처 찻집으로 자리를 옮겨 이 서클에서 만난 서로 다른 대학 학생들끼리 친교의 밤을 가졌다. 나도 여러 대학 남·여학생들을 많이 만나 우정을 나누었다.

04
___
군입대

04

군입대

　육군에 입대했다. 현역병이 아니고 당시 새로 생긴 제도인 방위병으로 입대했다.

　당시 현역병은 3~4개월의 훈련병 생활을 마치고 일선 부대로 배치돼 훈련병 생활을 포함해 총 36개월을 복무해야만 제대할 수 있었다. 반면에, 방위병은 총 12개월만 복무하면 소집 해제(제대)된다. 그것도 각자 자기 집에서 출·퇴근한다.

33사단 훈련소에 입소하여 4주간의 군사 훈련을 마치고 부평경찰서 산하 소사지서로 근무지를 배정받았다. 군 복무이므로 이등병 계급장이 달린 군복을 입고 근무했다. 함께 훈련받은 방위병 동기생들은 모두 무기고 경비병으로 배정받았다. 당시 부천 외곽에는 10여 곳의 무기고들이 있었다. 각각의 무기고 안에는 MI소총, 카빈소총 등 수백 정의 소총들, 탄약, 기타 부수 장비들이 보관돼 예비군 훈련 시 지급되어 사용되었다. 또, 소총 등 장비들은 주기적으로 꺼내어 기름치고, 정비하여 언제라도 사용 가능하도록 하게 돼 있었다. 이러한 일은 무기고 경비병들의 몫이었다. 나의 임무는 동기생 무기고 경비병과 후배 경비병들에게 당일 근무 해야 할 무기고와 거기서 해야 할 임무를 부여하는 것과 예비군들의 훈련이 있는 날에는 그들의 출석 상황 그리고 훈련이 끝나고 지서에서 받은 무기들의 반납현황도 체크하는 것이었다.

시간이 흘러 1년 만에 일병으로 진급하며 소집 해제(만기전역)됐다.

초등학교 1학년에 입학해서 한 두달 다니다가 폐결핵으로 학교를 그만두고 다음 해에 다시 입학한 일, 고등학교 2학년 과정도 결핵으로 인해 두 번 다닌 일, 그로 인해 잃어버린 나의 2년을 현역병(3년)이 아닌 방위병 복무(1년)를 통하여 되찾을 수 있었다.

05

청년기 II

05
청년기 II

군대를 마치고 다시 복학했다. 그리고 군 입대 전에 다녔던 영어 서클 NAEJA English Academy에 다시 나갔다. 복학생이라고 학생들이 박수를 치며 환영해주었다. 특히 아는 여학생들은 소리도 질러댔다.

1년 동안 쉬었으니 영어 실력도 많이 감퇴된 것 같았다.

다시 힘을 내어 열심히 다녔다.

유럽에 IAESTE(국제 대학생 교류협회)라는 국제기구가 있다.

50년이 지난 지금도 활동중인 기구이다. 이 단체는 매년 방학때마다 전세계 대학에서 선발된 공대생들을 교환학생으로 상대국에 연결해 주고 상대국에서는 위 교환학생들에게 교육과 연수를 일정 기간 받게 해 주는 기구이다.

고대 게시판에 유럽파견 교환학생(2명) 선발 공고가 나붙었다. 바로 지원했다. 3개월간 교환학생으로 유럽 국가에 파견되어 그곳 기업체나 연구소에서 연수받는 것이었다. 항공권을 포함한 비용부담도 학교의 보조를 받아 무척 저렴했고 또 연수 기간 동안 체제비, 연수비 등을 현지에서 지급 받는다고 했다. 영어 구사 능력만으로 교환학생을 선발하는데 여러 신청자 중에서 당당히 뽑혔다.

1970년대 초, 그 당시에는 외환 사정 때문에 특별한 경우 외엔 일반국민들은 해외여행이 금지돼 있던 시기였다. 오직 외교관이나 공무원 등 만이 외국행 비행기를 탈 수 있었다.

교환학생 선발증을 첨부하여 여권을 신청해 얼마 후에 받았다.

그러자 며칠 후 중앙정보부(현 국가정보원)

에서 안보 교육을 받으러 오라고 연락이 왔다. 모든 해외 여행자들은 출국 전에 중앙정보부에서 시행하는 안보 교육을 의무적으로 받아야만 했다.

드디어 오늘 유럽으로 출국하는 날이다. 가족과 함께 김포공항으로 갔다.

당시에는 인천공항은 없었고 김포공항만이 유일한 국제공항이었다.

공항에 도착하니 함께 출국하는 교환학생들 모두가 나와 있었다. (5개 대학에서 각 2명씩 총 10명) 10명 모두 연수받는 국가가 서로 달랐다.

내가 가는 곳은 벨기에 확시엔이었다. 당시에는 국내에는 유럽 직항편이 없었다. 우리 일행은 대한항공을 이용해 도쿄에 도착, 1박 후 에어 프랑스편으로 파리에 도착해 거기서 각자 흩어져 해당 국가로 가기로 되어있었다.

비행기에 생전 처음 올라탔다. 모든 것이 꿈만 같았다.

파리 드골 공항에 도착했다. 이제부터는 각자 단독플레이였다. 동서남북 위치 감각도 전혀 없는 상태에서 벨기에 확시엔을 찾아간다는 것이 막막했다. 하지만 혼자 모든 것을 해결해야 할 입장이었다. 스마트폰이라도 그때 있었더라면 위치추적을 통해 어렵지 않게 찾아갈 수 있었을 터인데 말이다. 또, 급한 김에 길을 몰라 지나가는 프랑스 사람에게 영어로 길을 물으면 영어를 알아들으면서도 대답은 프랑스어로 했다. 알아듣지 못해 난감했다. 대부분 프랑스인들이 자국 언어에 대한 자긍심이 강해 가능한 한 프랑스어를 쓰지 영어를 쓰지 않는 것 같았다. 파리에서 기차를 타고 가다가 몇 번 갈아 탔다. 우여곡절 끝에 벨기에 확시엔 역에 도착했다.

벌써 어둑어둑해진 오후 늦은 시간이었다. 내가 연수받을 기관인 INTERCOM Thermal Power Plant의 간부 집을 찾아갔다. 기다렸다는 듯이 인사를 나누자마자 밖으로 나와 나를 차에 태우더니 어디론가 쏜살같이 달렸다.

도착한 곳은 나를 연수시켜줄 그 회사의 중간 간부 집이었다. 나를 인계받은 그 중간 간부 역시 자기 차에 나를 태우더니 쏜살같이 달렸다. 얼마 후 도착한 곳은 내가 묵을 호텔이었다. 1층은 식당과 bar가 자리 잡고 있었고 2, 3, 4층은 객실이었다. 참 아담하면서도 클래식 한 격조 있는 호텔이었다.

나는 그날부터 귀국할 때까지 계속 이 호텔에 묵었다.

내가 호텔에 도착한 다음 날 나와 함께 연수받을 교환학생이 들어왔다.

서로 인사를 나눈 후에 자신은 덴마크 코펜

하겐대에서 기계공학을 전공한다고 했다. 덴마크에서 벨기에까지 무얼 타고 왔느냐고 물으니 자기 차를 운전해서 여러 나라를 관광하며 며칠이 걸려 왔다고 했다.

그와 연수를 마칠 때까지 함께 지냈다. 그런데 서로 얘기를 하다 보니 자신은 6개 국어를 구사할 수 있다고 했다. 어느 나라 언어인지 물으니 영어, 독일어, 프랑스어, 스페인어, 이태리어 그리고 자신의 모국어 덴마크어라고 대답했다. 깜짝 놀라서 어떻게 그게 가능하냐고 물었다.

유럽인들은 가족, 일가친척들이 우리나라와 같이 한나라에 모두 모여 살기보다 여러 나라에 흩어져 사는 경우가 많다고 했다. 자신의 가족, 친척들도 유럽 각 나라에 흩어져 살고 있어 초등학생 때부터 여름 방학이 시작되면 친척들이 사는 다른 나라에 가서 그나라 언어를 배웠다고 했다. 아마, 같은 알파벳 문화권이라 타국 언어를 비교적 쉽게 배우지 않았을까? 짐작해 본다. 나는 그 친구에게 말했다. "너는 대학 졸업 후 엔지니어로 살지 말고 외교관이 되는게 어떻겠니?"

비교적 큰 규모의 INTERCOM 화력 발전소에서의 연수는 처음에는 발전소 system 전반을 며칠 동안 견학했다. 그 후부터는 강의실에서 수업이 이루어졌다. 한 계통도 전반에 대한 수업이 끝나면 바로 현장으로 실습을 나가서 현장 직원 설명을 듣고 때로는 바로 다른 직원들과 함께 업무에 투입되기도 했다. 그 당시 우리나라에서는 모든 학교가 토요일 오전도 수업을 했다. 바꿔말해 주 6일제를 시행하고 있었다. 반면에 유럽 각국은 이미 주 5일제를 시행 중이었다.

주말에는 초대를 받아 여러 직원들 집을 방문하기도 했고 배낭을 메고 기차, 버스를 타고 이곳저곳 여행을 다니기도 했다.

한 번은 주말을 이용해 영국을 방문하기로 했다. 새벽에 기차를 타고 혼자 출발했다. 벨기에 오스텐드 항구에 도착 후 도버해협을 건너는 대형 카페리선에 몸을 실었다. 뱃고동을 울

리며 배가 서서히 출발하자 나는 최상층 갑판으로 올라가서 사방의 경치를 카메라에 담고 있었다. 그때 한 젊은 동양 여자가 다가와 일본어로 말을 걸었다. "미안하지만 나는 일본어를 못해요. 한국인이에요. 영어를 할 줄 압니까?" 그때부터 서로 영어로 대화를 나눴다.

"일본 외무성에서 비서로 수년간 근무하다가 1년 휴가를 내고 혼자 세계일주여행을 하고 있는 중이에요. 마침 런던에 사는 일본인 친구를 만나러 가고 있어요." "나는 교환학생으로 벨기에에 와서 기술 연수를 받고 있는 대학생이에요. 짬을 내어 런던 이곳저곳을 둘러보려고 가는 중이에요." 어느새 배가 도버항에 도착했다. 배에서 내려서 100여 미터를 걸어가니 런던행

기차가 기다리고 있었다. 함께 기차에 올라타고 자리를 잡았다. 내용은 기억이 나지 않지만, 이야기는 계속 이어졌다. 한참이 지난 후 옆 좌석의 영국 중년 부인이 이렇게 말했다.

"당신네 둘은 부부이신가요?"

기차가 런던에 도착했다. 그동안 즐거웠다며 서로 작별 인사를 하고 헤어졌다. 오직 아는 것은 그녀의 이름(토시코 후지모리)뿐이었다.

그녀가 20~30미터 떨어진 인파 속으로 들어갈 즈음 나는 "토시코! 토시코!"라고 큰소리로 불렀다. 그녀가 소리를 듣고 뒤를 돌아 보았다. 나는 그녀에게 이리 오라고 손짓을 했다. 그녀가 다시 다가오자, "나는 한달 후에 연수가 끝나면 한국으로 돌아간다. 귀국 후 너와 편지 교환(일명 펜팔)을 하고 싶다. 너의 일본 주소를 알려줄 수 있겠니?" 서로 주소를 교환하고 헤어졌다.

응장한 세인트폴스 대성당, 웨스트민스터사원, 하이드파크, 버킹험궁, 영국 국회의사당, 템즈강등을 관광하며 온종일 혼자 배낭을 메고 걸어 다녔다. 버킹험궁을 찾아갈 땐 시간에 맞춰가서 멋있는 근위병 교대식을 직접 볼 수 있었다. 그 광경이 장관이라서 각국에서 온 많은 관광객들로 인산인해를 이루었다.

내가 벨기에 연수를 갈 시점인 1970년대 초

한국 정부는 부족한 외화벌이를 위해 독일에 광부와 간호사들을 대량으로 보냈다.

당시 선진국인 독일은 힘든 업종인 석탄캐는 광부와 간호사들을 독일 내에서 구하기가 점점 힘드니 한국과 대량 송출 계약을 체결했기 때문이다. 당시 독일파견 광부들 중에는 서울대 졸업생들이 상당수가 포함되어 있다는 신문보도도 있었다. 독일에서 받는 급여가 한국보다 몇 배나 높았기 때문이다. 요즈음 동남아나 몽골 근로자들이 한국에 와서 본국에서 보다 월등히 높은 급여를 받고 있는 상황과 같았다.

매일 기차 통학을 하며 대학을 다니면서 얼굴을 자주 마주치다 보니 자연스럽게 많은 타

대학생들과 교류를 가질 수 있었다.

그중에 한 명, 안○○라는 간호대생과 자주 기차에서 만날 수 있었다.

자주 만나 친해지다 보니 어느 때부터인가 하교 시 서울역 플랫트홈에서 몇 시 몇 분 기차를 함께 타고 가자고 약속도 했다. 6개월 이상 시간이 흘렀다. 어느 날 그녀가 "저 독일파견 간호사 시험에 합격했어요. 두 달 후에 출국해요."라고 말했다. 그 경쟁률 높은 시험에 합격한 것을 축하한다고 말하면서 사실 나도 교환학생으로 선발되어 기술 연수를 받기 위해 몇 달 후 벨기에로 출국한다고 말했다.

시간이 흘러 벨기에에서의 연수생 생활 두

달이 되갈 즈음 독일 뮌헨 국립 병원에 근무 중인 그녀에게 전화를 걸어 이번 주말에 뮌헨으로 만나러 가겠다고 했다. 프랑스, 오스트리아 등 몇몇 나라를 거쳐 가는 국제 열차는 11시간이 걸려 독일 뮌헨에 도착했다. 약속된 장소에 가니 그녀가 택시를 대기시켜놓고 기다리고 있었다. 무척 반가운 기색이 얼굴에 역력했다. 함께 택시를 타고 뮌헨병원으로 향했다. 병원단지 안에 나의 숙소를 마련해 놨다고 했다. 숙소에 도착했다. 택시에서 내리자마자 깜짝 놀랐디. 한국인 간호사 10여 명이 한데 모여 나를 기다리고 있었다. 50여 명의 한국인 간호사 중 비번이었던 간호사는 모두 나와 있었다. 모두 함께 안○○의 숙소로 들어갔다.

자리에 앉자마자 한국 소식이 궁금하다며 경쟁하듯 요즘의 한국 소식을 나에게 물었다. 당시에는 국제 전화 요금이 너무 비싸 주로 편지로 소식을 주고받거나 카세트 테이프를 편지 봉투에 넣어 보내 가족 안부를 주고받던 시절이었다.

70년대 초 한국 가요계에서는 장계현의 "잊게 해주오"라는 곡이 대히트를 치고 있었다. 그야말로 롱런이었다. 여기 간호사들도 집에서 보내준 장계현 카세트를 여러 명이 갖고 있다고 말하며 서로 돌려가며 듣는다고 했다. 나는 내가 출국하기 몇 달 전에 장계현이 후속곡 2탄을 발표했다고 말해 주었다. 그 노래 제목은 "기억

해주오"라고 말했다. 내 말을 듣고서는 모두들 깔깔대며 "농담이 지나치네요."라며 믿으려 하지 않았다. 간호사들은 두 곡의 제목이 서로 반대 의미를 갖기에 내가 일부러 지어낸 거라고 생각했다. 시간을 들여 사실임을 확인시켰다. 내가 며칠 동안 그곳에 머무르는 동안 안○○은 병원에 휴가를 내고 뮌헨의 명소들을 나와 함께 찾아 구경하며 서로 즐거운 시간을 가졌다.

다시 벨기에로 돌아와서 연수 생활을 계속했다. 어느덧 그곳에서의 연수생 생활을 마치게 되었다. 귀국 비행기를 타기 위해 프랑스 파리 공항으로 갔다. 한국에서 함께 출발했던 타 대학 연수생들을 다시 만났다. 3개월 만이라 무척 반가웠다.

　귀국 후 영어 서클 NAEJA에 다시 나갔다. 벨기에 생활 3개월간 한국인을 만나지 못하니 한국어는 단 한마디도 사용하지 못했다. 몇몇 서클 회원들은 나에게 영어 실력이 많이 늘었다고 했다. 몇 달이 흘렀다. 차기 회장단 선거 공고문이 태화관 복도에 나 붙었다. 그때 나도 회장 선거에 출마해야겠다는 생각을 갖고 있었다. 상시 출석하는 인원이 오십 명이 넘는 이 서클은 회장과 advisor가 수업을 이끌어 가며 진행된다. 발언을 많이 하다 보니 회장 한 번 하면 영어 실력이 엄청 좋아진다는 것을 알았기 때문이다.

선거 결과 나는 회장에 당선됐다. 남·여 1명 씩 부회장도 선출됐다. 남자 부회장은 S대 영문 과 여자 부회장은 S여대 영문과 재학생이었다. 그러고 보니 회원들 중의 상당수가 영문과생들 이 많았다.

곧 여름 방학이 다가왔다. 이 서클은 해마다 여름 방학 중에 "NAEJA 하계 수련회"를 개최 한다. 그래서 수련회 장소를 어디로 할까?를 고 민하다가 충남 대천 바닷가에 고려대 교직원 및 학생들을 위한 고대 여름 별장을 이용해야 겠다는 생각을 했다. 무엇보다 시설도 좋고 비 용이 싸기 때문이다. 고대 학생처를 찾아가서 담당자에게 이용 계획을 설명했다. 담당자는 처음에는 여름 별장은 고대 교직원과 학생들만 이용할 수 있고 타대생은 불가하다고 했다. 타대생이 특별히 많은 서클 상황을 설명하니 고대생이 회장인 것을 감안한다면서 결국 사용 승낙을 해줬다.

드디어 advisor 두 명을 비롯해 약 40여 명의 남녀 대학생들이 대천행 장항선 기차에 몸을 실었다. 2박 3일 여정이다.

대천 해수욕장에 도착했다. 날씨도 쾌청했다. 숙소에 짐을 풀더니 모두들 바닷가로 달려 나갔다. 밤에는 모래사장에 삥 둘러앉아 기타 반주에 맞춰 노래도 함께 부르고 수건돌리기 등 여러 게임도 하며 밤늦도록 젊음을 발산했다.

그때는 그렇게 놀았다. 2박 3일 동안 모든 프로 그램을 함께하며 즐기다 보니 어느덧 회원들과의 유대감, 친근감이 더욱더 높아졌다.

여름 방학이 끝나고 4학년 2학기 즉 마지막 학기가 시작됐다.

이제부터는 본격적인 취업 시즌이다. 교수 추천을 받아 충북 단양에 있는 한일시멘트에 입사했다. 중견 기업이지만 타 기업에 비해 급여도 높았다. 졸업도 하지 않았는데 학과장의 허락을 받아 10월 첫 월요일부터 근무하기로 했다. 그래서 토요일에 기차를 타고 몇 시간 만에 단양역에 도착했다. 역에서 내려 마중 나온 회사 차량을 타고 공장에 도착했다. 그런데 이

상했다. 온갖 보이는 시야가 모두 뿌옇게 느껴
졌다.

알고 보니 시멘트 분진이 온 시가지를 엷게
떠다니는 것을 느낄 수 있었다.

덜컹 겁이 났다. 고등학교 2학년 때 세 번째
로 걸려서 완치한 결핵이 생각났다. 여기서 일
을 하다간 틀림없이 다시 결핵이 찾아올 것만
같았다.

이번에 입사한 신입사원들 10여 명을 위해
공장장이 환영 저녁 식사를 마련했다. "이런 환
경에서 몇 년 근무했다가는 건강에 이상이 올
것 같다. 걱정된다"라고 한마디 했다. 이에 공
장장이 대답했다. "걱정 말아요. 내가 이 공장

에서 일한 지가 30년이 다 되가요. 지금 50대 후반이거든요. 나를 봐요. 아직 이렇게 건강하거든요!"

　다음 날 (일요일) 신입 동기들과 단양읍 내로 구경차 나갔다. 음악다방에 들렀다. 손님이 듣고 싶은 LP판을 골라 플레이어에 올려놓고 음악 감상을 하는 곳이었다. 진열장에 빼곡히 세워져 있는 LP판들 중에 듣고 싶은 것 하나를 골랐다. LP판집에서 LP판을 꺼내 플레어어에 올려놓기 전에 LP판 표면을 손가락으로 살짝 문질러 보았다. 손가락에 엷은 양회 가루가 묻어 나왔다. 밀폐된 실내 공간까지 양회 가루가 들어왔다고 동기들에게 말했다. 월요일 아침, 공장장께 돌아가겠다고 말하고 짐을 챙겨 나왔다.

집에 돌아와서 날짜가 지난 신문들을 모두 찾아 기업들의 사원 모집 광고란을 살폈다. 당시에는 대기업을 포함한 대부분의 기업들은 신문지상에 단독으로 사원 모집 광고를 내고 사원을 모집했다. 여러 기업에 입사지원서를 보냈다.

GM Korea 자동차에 최종 합격했다. 시험부로 발령받아 근무하며 납품업체로부터 납품받는 모든 전장 부품의 성능 및 내구성 평가등을 수행하여 그 결과를 리포트로 작성해 상부로 올렸다. 한마디로 내가 쓴 평가 결과서에 따라 납품업체의 납품 여부가 결정됐다.

친구들이 하나, 둘 결혼 청첩장을 보내왔다. 나도 곧 서른을 바라보는 나이가 됐다. 빨리 나도 멋진 결혼상대자를 찾아 결혼해 가정을 꾸려야겠다고 다짐했다.

서울에서 결혼 중매만을 전문으로 하는 여사장(일명 마담뚜)을 만났다.

그때부턴 나에게 매주 토요일 오후 2시는 호텔 커피숍에서 맞선 보는 시간이었다. 맞선 참석자는 양 당사자, 예비 신부 어머니 그리고 여사장 등 4명이었다. 예비 신부의 이모가 따라 나올 경우 5명이 되기도 했다. 모든 맞선 경비

는 예비 신랑이 부담했다. 그리고 매번 맞선을
보고 나서는 성사 여부와 관계없이 당일 여사
장에게 사례금을 지급했다. 한 달이 흘러갔다.
성과가 없자 여사장은 일요일 오전 11시도 추
가해 주 2회 맞선을 보자고 했다. 그때부터 모
든 주말은 맞선 보는 데 시간을 보냈다. 시간이
어언 5~6개월이 흘러갔다. 그동안 세명 정도
after 만남을 가졌지만 오래 가지 못했다.

   그즈음 기업 형태의 결혼상담소가 몇 군데
생겨났다. 그 중 한군데를 찾아갔다. 입회원서
를 쓰고 회비도 납부했다. 상담소 홀 안에는 10
개가 넘는 번호 붙은 룸이 있었다. 이때부터 토
요일 오후, 일요일 오전, 오후 등 주말마다 세

번 맞선을 보기 시작했다. 한 달 정도 지나서 마음에 드는 상대를 찾았다. 상담소장에게 교제를 해 보겠다고 말하고 홍대 미대를 나온 그녀와 데이트를 하기 시작했다. 얼마 후 그녀의 집을 찾아가서 예비장인, 장모께 인사를 드렸다. 서울역 뒤 서부역 도로변에 4층짜리 중형건물의 4층에 있는 집이었다. 건물이 크니 4층집 내부도 무척 넓었다. 한참 담소를 나눈 후 자리에서 일어섰다. 작별 인사를 드리자 예비장인께서 말씀하셨다. "이 건물은 딸 몫일세!"

다시 얼마 후 이번에는 그녀를 엄마, 아빠께 인사시켜 드릴 차례였다. 서울역에서 함께 부천행 시외버스에 올랐다. 옆에 앉은 그녀의 얼굴에서 약간의 긴장감을 엿볼 수 있었다. 집에 들어서자 어머니, 아버지가 반갑게 그녀를 맞이했다. 여러 가지 이야기를 나눈 후 아버지가 말씀하셨다. "우리는 막내아들이 결혼하면 함께 살기로 했어요!"

부모님께 인사를 드리고 집을 나섰다. 서울행 시외버스에 함께 올라탔다. "부모님과 함께 산다는 생각은 한 번도 해 본 적이 없어요. 부모님을 잘 설득해 보세요!" 집으로 돌아오니 아버지가 물으셨다. "뭐라고 얘기하더냐?" 사실대로 말씀드렸다. 아버지는 "이제부터 더 이상 만나지 말아라!" 그 후부터 연락을 하지 않았다. 2주 정도지나 상담소장으로부터 전화가 왔다. "부모님을 모시고 살기로 생각을 바꿨으니 다시 만나 보세요!"

상담소에도 더 이상 나가지 않았다.

GM에 근무한 지 2년여가 지난 어느 날 한 남자가 나를 찾아왔다. 상공부 산하 국책 연구 기관인 한국 기계 연구원 자동차 연구실장이라고 자신을 소개했다. 연구원 내에 자동차 연구실을 신설해서 경력직 연구원을 새로 모집 중이라고 했다. GM, 현대, 기아 등 자동차 3사에 근무 중인 직원 등이 모집 대상이라며 연구원에서 이미 조사를 통해 스카웃 대상자 명단을 확보하여 개별 면담을 하고 있는 중이라고 했다. 당시로서는 파격적인 주 5일제 근무, 현재의 급여보다 꽤 높은 급여를 제시했다. 부모님과 상의하고 연구원으로 직장을 옮겼다.

연구원 근무를 시작한 지 몇 달이 지난 어느 날 한 지인이 직장여성인 예비 신붓감을 나에게 소개하겠다며 중매를 자청했다. 그런데 알고 보니 예전에 여러 번 그 직장에 찾아가 본 적이 있어 안면이 있는 여성이었다.

광화문 코리아나 호텔 커피숍에서 첫 만남을 가졌다. 직장에서 몇 번 얼굴을 봤을 때엔 별다른 느낌을 갖지 못했는데 커피숍에서 단둘이 마주 앉아 가족 이야기, 취미에 관한 이야기 등 일상적인 이야기를 두루 나누다 보니 정말 대화가 잘 통한다는 느낌을 받았다. 날씬하고 건강미가 넘치는 그녀는 늘 미소 짓는 얼굴형이었다. 첫 만남에서 바로 내가 찾고 있는 이상형 배우자인 것 같다는 느낌도 받았다. 그 후 고궁, 레스토랑 등에서 자주 만남을 가지며 데이트를 즐겼다. 보통 이럴때엔 서로를 탐색하는 시기일텐데도 그런 마음은 아니고 만나면 만날수록 마음에 안정감이 들며 편안해짐을 느낄 수 있었다. 어느 날 우리 부모님께 인사를 하러 가자고 제안했다. 우리 부모님도 그동안 나의 이야기를 많이 들으셔서 만남을 기다리고 있다고 했다. 얼마 후 서울에서 부천행 시외버스를 함께 탔다.

차장 밖을 내다보다 바라본 그녀의 얼굴에서 약간의 긴장감을 읽을 수 있었다.

집에 도착하자 부모님이 반갑게 맞이해 주셨다.

그녀는 강원도 김화 출신이다. 그래서 그런지 부모님은 강원도 얘기를 많이 하시면서 긴장감을 풀어 주시려는 것 같았다. 여러 이야기를 나눈 후에 아버지는 막내아들이 결혼하게 되면 이 집에서 우리와 함께 살게 될 거라고 말씀하셨다.

부모님께 작별 인사를 하고 함께 집을 나섰다. 그녀가 거처하는 청량리까지 함께 가는 길이다. 차 안에서 아버지 말씀에 대한 그녀의 생각을 물었다. "저는 괜찮아요. 부모님을 모시고 함께 살게 되면 좋은 점이 참 많을 것 같아요." 그녀의 말을 듣자마자 너무 고마워서 잡고 있던 손을 더욱 꽉 쥐었다. 집에 다시 돌아오자 아버지가 궁금해하시면서 물으셨다. "뭐라고 하더냐?” 그녀가 한 말을 그대로 전하자 아버지는 무척 기뻐하시면서 “됐다! 이제 약혼식 날짜를 잡아야지!”

처음 만남을 가진 지 약 한 달여가 흐른 1979년 8월, 양가의 부모님, 가족, 친척들의 축복 속에 서울에서 약혼식을 했다. 대학 동창생이 약혼식 사회를 봤는데 식사 중간에 갑자기 나를 자리에서 일으켜 세우더니 노래 한 곡을 불러 보라고 했다. 나는 약혼녀와 함께 그 당시 유행하던 가요 “사랑해 당신을!”을 부른 기억이 난다. 약혼식을 하고 3개월쯤 지난 즈음인 1979년 11월 10일 양가의 축복 속에 부천에서 결혼식을 했다. 나의 나이 31세, 그녀는 24세였다.

결혼 후 5~6개월이 지나 연구원에 사표를 냈
다. 그리고 어릴 적 살았던 부천 자유시장 내 2
층 주택을 헐고 4층 건물을 직접 신축했다. 그
건물 2·3층에 고려 외국어학원, 고려 속셈학원,
세기 미술학원, 세기 음악학원 등을 설립하여
아내와 함께 운영했다. 몇 년 후 부천 북부역 광
장에 있는 건물에 성인 대상의 세기 음악학원 2
호점을 설립하여 운영했다.

나는 대학 3·4학년 때에 과외지도를 했다. 주
2~3회 중 3학생 집에 가서 영어, 수학을 가르
쳤다. 수업을 마치면 항상 안방에 저녁상이 차
려져 있었다. 학생 부모님, 학생, 학생 누나 그
리고 나 모두 5명이 함께 저녁 식사를 했다. 부

잣집이라 그런지 식탁은 늘 잘 차려져 있어 마치 잔칫상과 같았다. 그래서 과외 가는 날이 기다려지기도 했다. 1년여를 지도했다.

이 경험을 살려 고려 외국어학원, 고려 속셈학원에서 중학생 대상으로 직접 영어와 수학을 가르치기 시작했다. 그렇게 몇 년이 흘러갔다.

성적이 우수한 학원 재원생 중에서 12명을 뽑아 "부천고 목표 원장 직강반"을 만들었다. 당시 부천고는 명문대에 합격생을 많이 배출시키는 고등학교로 전국적인 유명세를 타고 있던 학교였다. 직강반에 뽑힌 학생들의 학부모들은 무척 좋아했다. 일반반은 학교 진도에 맞춰 수업하지만 직강반에서는 당시에 흔치 않았던 "3개월 선행 학습"을 실시했다. 학원 내의 모든 수업은 학교 수업이 끝난 후 저녁 시간대에 이루어졌다. 그런데 어느 날 한 학생이 수업중에 이런 말을 했다. "학원 수업을 밤에 하는 것보다 학교 가기 전 새벽에 했으면 좋겠어요. 새벽 수업이 공부하는 데 더 도움이 될 것 같아요." 나는 학생들에게 먼저 부모님께 말씀드리고 너희들 12명 모두가 동의하면 새벽 수업으로 바꿀 수도 있다고 말했다. 며칠 후 수업 시간 중에 학생들 모두가 새벽 수업에 찬성한다고 말했다. 그때부터 매일 직강반 수업은 새벽 5시에 시작되어 7시 반에 끝나고 학생들은 서둘러 학교로 향했다.

건물 2·3층은 학원, 4층은 내가 거주하는 주

택이다. 집에서 한 층만 내려오면 학원이니 이래서 선뜻 새벽 강의를 부담 없이 시작했던 것이다. 그런데다 학생들의 공부 열의가 워낙 높아 지각하는 학생도 별로 없어 정말 열심히 강의했던 것 같다.

새벽 수업은 학생들이 졸업할 때까지 계속됐다.

결혼 이듬해에 큰아들(도훈)이 태어났고, 다시 2년 뒤에는 작은 아들(도연)을 얻었다. 늘 아들 부자라 생각하며 즐겁게 하루하루를 보냈다.

06

중년기

06
중년기

서울올림픽이 열린 1988년에 정부는 해외여행 자유화 조치를 단행했다. 올림픽을 기점으로 그동안 막아왔던 국민들의 해외여행을 풀어버린 것이다.

바로 그해 아내와 사이판으로 해외여행을 떠났다. 우리는 사이판 곳곳을 여행하면서 갖가지 체험, 멋진 음식 그리고 뛰어난 풍광 등을 마음

껏 즐겼다. 난생처음 해외로 나온 아내가 말했다. "앞으로 방학 때마다 해외여행을 가기로 해요." 사이판 여행을 다녀온 후 방학 때마다 초등학생인 두 아들과 함께 여행국을 바꿔가며 해외여행을 다녔다.

작은아들이 초등학교 6학년일 때 여름 방학 한달간 그의 학급 친구 1명과 함께 뉴질랜드로 여행을 보냈다. 그 학급 친구의 이모가 뉴질랜드에 살고 있었기 때문에 이모의 보호 속에 영어도 접해보고 새로운 경험을 해보라고 보낸 것이다. 한달 후, 두 아이가 귀국했을 때 이모도 함께 왔다. 이모로부터 뉴질랜드에 관한 전반적인 이야기를 들었다. 참으로 자연환경이 좋고 살기 좋은 나라라고 느껴졌다. 당시 우리나라에서는 지상낙원이라고 불리우는 뉴질랜드로의 이민 붐이 한창 불고 있을 때였다. 아들은 다시 뉴질랜드로 보내달라고 졸라댔다. 그 나라가 너무 좋다고 거기서 학교를 다니고 싶다고 했다. 실제 현황을 파악하고자 이민 알선 기관을 통해 뉴질랜드 이민 답사 여행을 신청했다. 아내가 7박 8일 동안 뉴질랜드 여러 도시들을 살펴보고, 현지에 사는 교민들도 두루 만나고 또 여러 학교들도 방문하고 돌아왔다.

아내는 뉴질랜드는 여러 면에서 정말로 살아보고 싶은 나라이며 특히 초·중·고 학교들의 교육 환경도 뛰어나다고 했다. 그러면서 내가 결정한다면 이민가서 살고 싶다고 말했다. 그렇다면 함께 가서 다시 한번 확인하고 결정하자고 말했다.

몇 달 후 아내, 아이들과 함께 답사 전문 여행사를 통해 뉴질랜드를 방문했다.

뉴질랜드로의 이민을 염두에 둔 다른 여러 부부들과 함께 뉴질랜드 이곳저곳, 여러 학교들 그리고 어디서, 어떤 집에서 살게 될까?를 생각하며 주택들도 많이 구경했다. 귀국길에 비행기 안에서 아내와 이민에 관해 많은 이야기를 나누었다. 그리고 두 사람은 이민가서 살기로 최종 결정했다.

그러자 작은아들은 좋아서 환호성을 질렀고 큰아들도 가족 모두가 함께 가니 좋다고 했다.

아내는 이민을 계획하기 훨씬 전부터 골프를 즐겨왔다. 그리고 아이들에게도 골프를 가르쳐야겠다는 생각에 집 근처 골프연습장에 등록했다. 나도 등록했다. 아이들과 나는 매일 골프장에서 프로의 레슨을 받아가며 골프치는 법을 배웠다. 출국하기 전까지 열심히 연습했다.

이민 대행업체를 찾아가 이민 수속을 의뢰했고 뉴질랜드 대사관에 제출해야 할 서류들을 준비하기 시작했다. 대행업체에서는 서류 제출 후 이민 비자를 받기까지 통상 1년 이상 걸린다고 했다. 뉴질랜드의 기술직 우대 정책으로 인해 신청 후 6개월이 지나자 이민 비자가 나왔다. 아이들 학교 전학, 운영해왔던 학원의 인수인계, 두 달 이상 걸린다는 이삿짐 배송, 살고있는 집 임대, 관련 은행 업무 등 모든 주요 사항을 마무리 지었다.

드디어 뉴질랜드로 출발! 오늘 뉴질랜드에서의 새로운 생활을 위해 출국하는 날이다. 기대반, 설렘반이라는 말이 이럴 때 쓰라는 말인 것 같다.

싱가폴을 경유해 오클랜드 공항에 도착했다. 공항에 지인이 마중나와 있었다.

함께 지인의 집으로 가 휴식을 취한 후 시내구경에 나섰다.

이곳저곳 둘러보다 마트에 들렀다. 엄청나게 큰 규모에 깜짝 놀랐다. 당시 한국에는 대형마트가 생겨나기 전 이었고 오직 작은 규모의 슈퍼마켓만이 있었을 뿐이었다. 아이들이 다닐 학교를 선택하기 위해 교민들의 의견을 들었다. 대부분 의견들이 일치했다. 그래서 큰 아이는 Westlake Boys High School, 작은 아이는 Wairaw Intermediate School에 입학 신청을 해서 입학 허가를 받았다.

부동산 회사에 근무하는 한국인 직원들의 소개로 매물로 나온 수십채의 주택을 둘러보았다. 한국에서 보낸 이삿짐이 도착할 시기에 맞춰 아담한 이층집을 구입했다. 30년 정도 지난 지금도 집 주소가 기억난다.

〈45A Seaview Road Milford Auckland〉

아이들을 학교에 등교시키는데 차로 5~10분 거리였다.

이민 생활 초기에는 아이들을 등교시킨 후엔 아내와 함께 시내 곳곳, 여기저기를 구경하며 돌아다녔다. 저녁에는 이곳저곳에서 교민들의 집으로 초대를 받아 저녁 식사를 하고 이야기 꽃을 피우며 즐거운 시간을 보냈다. 그런데 아이들은 학교에서 수업을 마치고 집에 와서는 수업 중에 선생님 말씀을 거의 알아들을 수 없다고 했다.

수소문 끝에 영어권 이외 국가에서 온 이민자 자녀들을 전문적으로 지도하는 퇴직 교사를 만났다. 그 후 아이들은 그 교사로부터 주 2~3회씩 집에서 영어 개인 과외를 받았다.

매주 일요일마다 오클랜드 한인 성당을 다니기 시작했다. 성당에 다니면서 더욱더 많은 교민 가족들을 만날 수 있기 때문이다. 성당에 나간 첫날, 미사가 모두 끝나고 나서 신부님이 새로 이민 온 가족들을 모두 앞으로 나오라고 말했다. 우리 가족 모두 앞으로 나갔다. 대략 일곱, 여덟 가족이 앞으로 나왔다. 각 가족의 대표들은 한국에서 살던 지역을 말하고 자기 가족들을 소개했다. 5년째 뉴질랜드에 살고 있다는 교민이 매주 비슷한 숫자의 신규 이민자들이 성당 제단 앞으로 나와 인사를 한다고 말했다. 가히 뉴질랜드 이민 붐이라고 할 수 있었다.

아이들 학교 수업은 매일 오후 3시 30분 일정하게 끝난다. 그 시간에 맞춰 매일 차를 타고 데리러 간다. 집에 돌아와 간단히 간식을 먹고는 모두 함께 집 근처에 있는 골프장으로 향한다. 한국에서 골프를 배워왔기에 가족 모두 골프를 즐기며 멋진 시간을 보냈다.

시간이 날 때마다 교민 가족들과 함께 승용차를 운전하며 뉴질랜드 여러 도시들을 여행했다. 한 도시에서 다른 도시로 이동할 때 30분

동안 밖에 보이는 풍경은 집 한 채 없이 목초로 뒤 덮힌 평지와 얕은 언덕에서 풀을 뜯는 양 떼와 소 떼들 뿐이었다.

멋진 자연환경에 매료되어 골프, 바다낚시, 여행 등을 즐기다 보니 어느덧 이민 생활 1년여가 지나갔다. 뉴질랜드에서 고정적인 수입이 없기 때문에 생활비 충당을 위해 그동안 한국을 두 번 다녀왔다. 그러던 차에 친구가 나에게 대학 입학을 권유했다.

"웬 대학 입학?" 뉴질랜드에서는 가장이 대학에 재학 중이면 정부에서 그 가정에 격주마다 일정 금액의 생활비를 지급해 준다. 또 등록금은 전액 융자를 해주고 교재 및 학용품은 무료로 지급한다. 생활에 좀 보탬이 될까 싶어 간단한 인터뷰를 거쳐 "Auckland Institute of Technology" 대학 Department of Business English 학과에 입학했다. 나는 이제부터 뉴질랜드에서는 대학생 신분이다.

하지만 기대도 잠시였다. 당시 뉴질랜드는 국민 1인당 컴퓨터 보급 대수가 세계 1위였다. 제출하는 모든 과제물은 컴퓨터 출력물로만 접수했다. 지금까지 나는 컴퓨터 자판조차 만져 본 적도 없었다. 어떻게 해야 할지 참으로 난감했다. 매일 같이 수업이 끝나면 컴퓨터실로 가서 알파벳 자판 연습을 세 시간 동안 했다. 몇 달간 그렇게 했다. 어느 날 자판 연습을 마치고 밖으로 나오니 날은 이미 어둑어둑해져 있었다. 주차장으로 걸어가는데 머리가 무겁다는 느낌이 들었고 눈도 아물아물 다리도 약간 휘청함을 느꼈다. 순간 이 일은 더 이상 계속하면 안 되겠다는 생각이 들었다. 집에 돌아와 아내에게 이런 상황을 설명했다.

한 학기만 마치고 학교를 그만뒀다.

이제부터 고민이 생겼다. 좋은 자연환경도 경제적인 여력이 뒷받침돼야 즐길 수 있는 법이다. 한국으로 돌아가 아이들 뒷바라지, 노후의 경제적 안정을 생각해서 예전에 했던 학원사업을 다시 시작해 볼까? 몇 주간 고민 끝에 한국으로 다시 돌아가기로 아내와 함께 결정을 내렸다.

문제는 아이들이었다. 함께 한국으로 돌아가야 할까? 돌아가면 한국의 학교 수업을 따라갈 수 있을지가 걱정이었다. 어느 토요일 오후, 거실에서 가족회의를 했다. 지금까지의 여러 상황을 설명해주고 엄마와 아빠는 한국으로 돌아가기로 했다고 말했다. 너희들도 이제 고등학생, 중학생으로 성장했으니 돌아갈지 말지를 스스로 고민해 보고 다음주에 다시 얘기하자고 했다. 1주일 후 큰 아이는 뉴질랜드에 남아 공부하겠다고 했다. 작은 아이는 엄마, 아빠와 함께 한국으로 돌아가겠다고 했다. 너희들 스스로의 결정을 존중한다고 말하면서 1주일 후에 또다시 얘기를 나누자고 했다. 다시 아이들의 의견을 들으니 바뀌지 않았다. 다시 일주일 후에도 아이들 의견은 똑같았다. 그 자리에서 큰아이에게 말했다. 여기 뉴질랜드는 동양인에게 알게 모르게 차별을 많이 하는 나라야. 대학을 졸업하고 평범한 직장인으로 살아가기에는 어려움이 많겠지. 단, 전문직을 가졌을 때에는 상황은 달라져. 그러니 너는 공부를 열심히 해서 꼭 의대나 법대에 진학해. 그러면 너는 이 나라에서 차별받지 않고 성공적인 삶을 살 수 있어.

큰아이를 위한 홈스테이를 학교 근처에 정하고 작은 아이만 데리고 귀국했다.

일산신도시에 집을 구했다. 학원 전문 부동산을 찾아가 매물로 나온 학원들을 소개받았다. 보증금, 권리금, 월세, 평수, 학생 수, 교사 수, 시설, 위치 등을 꼼꼼히 살펴봤다. 마두동에 있는 운영 중인 학원을 인수했다.

바로 초등학교 옆이며 대단지 아파트 앞에 위치해 있으면서도 원장의 관리 소홀로 학생 수가 쪼그라들어 교사는 단 한 명 뿐이었다.

청탑학원으로 간판을 바꿔 달고 원장 이력을 적은 광고전단을 근처 여러 아파트 단지에 대대적으로 뿌렸다. 새로 들어온 학생들 중 상위권 학생들을 위한 영어·수학 원장 직강반도 만들었다. 6개월정도 지나자 학원은 정상 운영 궤

도에 오를 수 있었다.

IMF가 터졌다. 그동안 학원에 잘 다니던 아이가 찾아와 아버지가 실직하셨다면서 더 이상 학원을 다닐 수가 없다고 했다. 어떤 학부모는 전화로 실직 사실을 알리며 아이를 더 이상 학원에 못 보내게 됐다고 알려왔다. 그때부터 학원생 숫자는 하향곡선을 그리기 시작했다. 그로부터 몇 달 후, 가까운 곳에서 중대형급 초·중·고생 학원을 운영하는 대학 후배가 찾아왔다. 오랫동안 가까이서 각자 학원을 운영했기 때문에 나에 대한 평판을 익히 들어 알고 있었을 것이다. IMF로 모든 학원들이 힘든 상황에서 선배님 학원과 통합해서 함께 학원을 공동 운영해 보자고 제안했다. 통합 학원의 지분도 50:50으로 하고 선배인 내가 원장, 후배는 부원장 그리고 통합학원 장소는 규모가 훨씬 큰 자기 학원으로 하자고 했다. 경영상의 어려움을 느끼고 있던차에 받은 제안이라 솔깃한 마음은 들었지만 생각 좀 해보고 다시 만나자고 말했다.

몇 주 동안 고민한 끝에 통합하기로 결심했다.

통합학원에 가서도 강사 한명 인건비를 줄이겠다며 원장 직강반을 만들어 직접 강의를 했다. 통합학원은 몇 년간 지속됐다. 어느 날 후배 부원장이 중고생 참고서를 만드는 출판사를 운

영하려고 한다며 나에게 자기 지분 인수를 제
안했다. 그 제안을 받고 바로 인수했다. 인수 후
영어유치원도 추가로 개설, 운영했다. 얼마 후
영어유치원의 고급화를 위해 많은 비용이 드는
인테리어 공사를 고려하고 있을 때 일산에서
학생 수가 많다고 소문이 난 학원장이 학원을
확장할 계획이라며 나의 학원을 인수하겠다는
제안을 해왔다. 좋은 매매 조건이 담긴 인수 제
안이었다.

그즈음 백석동 소재 유명 프랜차이즈 영어학
원·영어유치원이 운영을 중단하고 휴원 중이라
는 사실을 알고 찾아갔다. 건물주와 학원 관계
자를 만나 상황 설명을 듣고 나서 텅 빈 학원을

둘러봤다. 초등영어 및 영어유치원으로서는 규
모도 크고 내부 인테리어도 잘 꾸며져 있었다.

07
장년기

07

장년기

　기존 운영 중인 학원을 매각하고 교사진, 학원생들을 데리고 새 프랜차이즈학원으로 이전했다. 영어 학원계의 전국적 유명 인사인 프랜차이즈 대표를 초대해 일산 전 지역 학부모를 대상으로 설명회를 개최하며 분위기를 띄웠다.

　그 후 1년이 흘렀다. 좋은 시설과 내·외국인 강사진을 갖추고 그렇게도 공을 들였건만 학년 초 영어유치원 원아 모집은 늘 기대에 미치지 못했다.

학년 초 원아 모집에 실패하면 1년이 힘들어진다. 금융기관 대출을 받아 다시 자금을 마련하고 광고비를 투입해서 매주 지역신문 지면에 전면 광고를 내고 광고지를 대량으로 제작해 일산 전 지역에 주기적으로 뿌렸다.

그러나 힘든 학원 운영 상황은 좀처럼 개선되지 않았다. 힘든 1년을 더 버티다 결국 폐원했다. 폐원하고 나니 앞으로 남은 인생을 어떻게 살아가야 할지 막막했다. 더구나 대출받은 여러 금융기관들의 원리금을 상환하는 것도 거의 불가능에 가까웠다. 사업을 폐업하고 나니 신규 대출도 어려워져 그동안 대출받아 타 금융기관의 원리금을 상환하는 일명 돌려막기도 불가능해졌다. 몇 달째 원리금 상환을 하지 못했다. 그러자 금융기관에서 직접 전화를 걸어와 빚 상환을 독촉했다.

이 상황을 어떻게 극복하지? 결국 법원에 파산 신청을 했다. 파산 신청서에 채권자명단과 채무 금액을 적게 되어있다. 8개 금융기관의 이름과 채무 금액을 적었다. 또, 두 명의 개인 채권자도 있었다. 정말 급할 때 두 명의 친구로부터 이자 없이 거액을 빌렸는데 이들의 이름을 명단에 적어 낸다는 것은 나의 자존심이 허락하지 않았다. 훗날 이들의 채무는 꼭 갚겠다고 다짐하면서 명단에서 삭제했다.

법원에서 요구하는 수많은 서류들을 관공서에서 발급받고, 또 직접 작성하여 제출하는 일이 본업이 된 것 같았다. 의정부법원에서 지정한 파산 관제인을 아마도 수십 번을 찾아가 만난 것 같다. 제출한 서류가 조금이라도 이상하다 싶으면 전화를 걸어 사무실로 나오라고도 했다. 그렇게 1년 반 정도 시간이 흘러갔다. 계획적인 파산이 아니고 선의의 파산이라는 판단을 받고 드디어 재판부로부터 파산선고를 받았다. 그리고 얼마 후 면책도 받았다.

영어유치원을 함께 운영했던 아내는 그사이

어린이집을 개설, 운영했다.

나는 통학버스를 운전하며 어린이집 원아들의 등원·하원을 도왔다.

앞으로 돈을 벌기 위해 무슨 일을 해야 할까? 아침에 일어나면 밖으로 나가 벼룩시장을 찾아 들고 들어와 샅샅이 뒤적였다. "인력", "용역"이라는 광고가 눈에 들어왔다. 도대체 무슨 일을 하는 곳인지 전화를 걸어봤다. 인력이 필요한 건축 현장, 도로 공사장, 농장, 군부대 안 시설 개선 공사, 창고에서 물건 나르기 등 다양한 현장에 투입되어 현장 감독의 지시에 따라 온갖 보조적인 노동일을 수행하는 것이었다. 일명 일용직 노동자였다. 인력 사무실을 찾아갔다. 내일부터 나오라고 했다. 작업복에 안전화를 착용하고 새벽 6시 이전에 사무실에 도착하라고 했다. 6시가 넘어 도착하면 인력 배정이 끝나 허탕을 치고 집으로 돌아가야 한다고 했다. 그다음 날, 시간에 맞춰 출근했다. 벌써 수십 명이 이미 사무실에 도착해 있었다. 먼저 온 순서대로 호명해서 앞으로 나아가면 오늘의 작업 현장을 알려주고는 바로 떠나란다. 혼자 배정 받을때도 있지만 보통 3~4명 많게는 7~8명이 한 조가 되어 현장으로 함께 출발한다. 나는 승용차를 갖고 있어 우선적으로 배정 받았다. 같은 조 인원을 함께 태우고 현장에 도착할 수 있기 때문이다. 배정받은 작업 현장은 보통 하루만 가거나 아니면 1주일 정도 계속 출근 하거나

규모가 큰 작업 현장은 길게는 3개월 이상 계속

다니기도 했다.

08

노년기 Ⅰ

08
노년기 I

그동안 경험했던 작업 현장들을 기억 나는 대로 기술해 보자.

○ 신축중 인 단독 주택에서 물·시멘트·벽돌·목재 등 자재 운반

○ 비닐하우스 버섯 농장에서 버섯 채취, 수확한 버섯 분류 작업

○ 판문점 인근 군부대 내 바닥 콩크리트 공사 보조

○ 도로 옆 인도에 세워져 있는 철제 한전 고압 선로(지중선) 교체 작업 보조

○ 대형 창고 안에 들어있는 수백 가지의 상품 들이 담긴 박스들 중 주문받은 상품만 빼내어 차량에 싣기

○ 아스팔트 도로 포장할 때 빨간 헬멧, 빨간 조 끼를 착용하고 차로에 서서 경광등을 흔들 며 차량 통제(일명 신호수)

○ LG 가전 배송 차량에 승차해 각 가정을 돌며 냉장고, 세탁기 등 무거운 가전제품을 기사와 함께 운반하여 각 가정에 설치

○ 지역난방공사에서 일산 전 지역 아파트 단지에 공급하는 난방 온수를 일시 보관하는 거대한 철제 온수 탱크 위에서 부식된 철판을 잘라내고 새 철판을 붙이는 용접공들의 작업 보조, 지상에서 온수 탱크 위로 올라가려면 탱크 몸통 외부에 붙어있는 나선형 철제 계단을 이용하는데 힘이 들고 숨도 차 한 번에 끝까지 올라가지 못하고 모두 중간에서 휴식을 취해야 했다. 3개월 정도 일했다.

○ 가양동 소재 재활용품 분류장

10톤 이상의 대형 덤프트럭들이 건설 폐기
물이나 생활 폐기물을 싣고 들어와 이미 높
이 쌓여있는 기존 폐기물 위에 이들을 쏟아
붓고 트럭이 빠져나가면 즉시 마스크를 쓰
고 뛰어가서 새 폐기물 위로 올라가 알미늄,
구리, 철근, 플라스틱등 재활용이 가능한 품
목들을 찾아내 자루에 담아야 한다. 그런데
이 작업을 재빠르게 해야 한다. 거의 10분
마다 덤프트럭이 들어오기 때문이다. 덤프
트럭이 폐기물을 쏟아내면서 일으키는 쓰레
기 먼지는 9·11테러 당시를 연상케 할 정도
로 넓게 퍼지며 지독했는데 그 먼지 속에서
작업을 하는 것이었다. 도저히 그 독한 먼지

속으로 뛰어 들어갈 용기가 나지 않았다. 감
독자에게 얘기하고 일행 네 명 중 나 혼자만
바로 집으로 돌아왔다.

○ 백석동 63층 아파트 건설 공사장

63층 아파트 6개 동을 짓는 공사로 이미 골
조는 완성됐고 내부 공사가 시작된 단계였
다. 매일 현장에 도착하면 출석 확인을 한 후
곧장 아파트 외벽에 매달려 있는 덜덜거리
는 철제 승강기를 타고 63층으로 올라간다.
여기저기에 쌓여있는 자재를 기술자의 요구
에 따라 옮겨준다. 여러 자재 중 시멘트 포대
(40kg)를 옮기는 것이 가장 힘들었다. 3개월
정도 일한 것 같다.

○ 일산동 5층 건물 신축 현장

어느 날 새벽에 인력사무소에 나갔더니 사무소장이 일산서구 5층 건물 신축 현장으로 배정해 주면서 혼자 빨리 가라고 했다. 현장에 도착하니 건축주가 기다리고 있었다. 골조는 다 올라갔고 내장공사가 시작된 5층 건물 전체를 함께 다니며 현황을 설명해주었다. 그리고 건물 외부 바닥에 쌓아 놓은 각종 내장재들의 도난을 방지하기 위해 야방(건축중 인 건물의 외부에서 야간에 잠을 자며 외부로부터의 침입이나 야적된 각종 건축재료의 도난을 방지하는 사람)을 구하고 있다고 했다. 한참 동안 차를 마셔가며 서로 이야기를 나눴다. 오늘은 일은 하지 않았어도

일당은 지급하겠다고 하면서 내일 아침 이
력서를 들고 다시 와 달라고 했다. 그리고 예
비역 소령의 이력서를 가지고 있다고 하면
서 두 사람 중 한 명을 선택할 것이라고 했
다. 다음 날 아침, 이력서를 들고 다시 찾아
갔다. 이력서를 훑어보더니 나의 얼굴을 빤
히 쳐다보면서 이런 일을 정말 할 수 있겠느
냐고 물었다. 선택만 해주시면 정말 착오 없
이 열심히 일하겠다고 말했다. "내일부터 밤
에 여기 와서 주무세요!" 다음날부터 오후 5
시경 출근해서 지정된 식당에서 저녁 식사
를 마친 후 건축 현장을 지키는 야방생활을
난생처음 시작했다. 합판으로 대충 조립된
야외 숙소(?)안에 누워 있으면 지나가는 사

람들의 말소리, 개짖는 소리, 자동차 소음 그
리고 굉음을 내며 지나가는 오토바이 소리
등이 잠드는 것을 힘들게 했다.

내장공사가 마무리될 때까지 거의 3개월 이
상을 근무했다. 생각보다 높게 책정된 월급
이 생활에 많은 보탬이 되었다.

○ 인쇄소

박카스, 비타 500, 무게가 나가는 각종 약,
음료수 등을 담는 종이박스를 제작 후, 박스
외부에 상호, 상품명 등을 인쇄해서 거래처
에 납품하는 회사이다. 한 달 동안 일하기로
했다. 근무 인원도 꽤 되는 중견급 공장이었
다. 오전에는 기계를 돌려 박스 제작하는 작

업을 하고 오후에는 기차 화물칸 정도의 크기인 트럭의 조수석에 앉아 납품할 박스들을 가득 싣고 지방 곳곳을 다니며 배송 작업을 했다.

○ 덤핑 물건 판매업

제조된 지 3~4년이 경과한 각종 제품을 트럭 단위(일명 차떼기)로 싸게 구입해 대형 창고에 천장까지 쌓아 놓는다. 이미 창고에 쌓여져 있는 제품들도 수백 가지가 넘는 듯하다. 유리컵, 가방, 장난감, 각종 문구류, 옷, 모자, 꽃병, 그림책, 수건, 앨범, 벽시계, 인형, 지도, 온도계, 도자기, 목도리, 장갑 등 그 종류가 만물상에 가깝다. 사장은 이곳을

"선물 창고"라 불렀다. 명함에도 그렇게 적혀 있었다. 인력사무소에서 이곳을 알려줘 찾아왔다.

그날부터 특정 제품의 주문이 들어오면 창고에 높이 쌓인 제품 중에서 해당 제품을 찾아내어 끄집어낸다. 창고 앞 마당에 이들을 쌓아 놓으면 용달차가 와서 싣고 간다. 근무 3일째 되던 날 여사장이 나에게 제안을했다. 이렇게 하루하루 일당을 받지 말고 급여를 월급으로 지급하겠다고 했다. 여사장은 평생 운전을 해본 적이 없단다. 당연히 차도 없다. 늘 택시를 이용한다. 그러니 지방 거래처에 갈 때에는 내 승용차를 이용했으면 좋겠다고 했다.

그때부터 한 달에 몇 번씩은 여사장을 뒷좌석에 태우고 지방 거래처 여기저기를 찾아다녔다. 근무한 지 3개월이 지나갔다. 그런데 이상하다. 월급 날짜가 지나도 월급을 주지 않는다. 몇일지나 직접 얘기를 했더니 곧주겠다고 한다. 하지만 그 후에 한 달이 또지나갔다. 1주일 여유를 주고 사장에게 퇴직을 통보했다. 밀린 월급은 퇴직 후 두 차례에걸쳐 나눠 받았다.

오랫동안 해온 인력시장 일이 몸에 부대낀것 같았다. 몸무게가 60kg 밑으로 떨어져 있었

다. 거울을 봐도 얼굴이 힘들어 보였다. 그래서

어린이집 통학버스를 다시 운전하는 것 외에는

당분간 집에서 휴식을 취하기로 했다.

09

노년기 II

09

노년기 II

　학교 당직을 2년째 하고있는 친구로부터 전화가 왔다. 1주일간의 경비 교육을 이수하고 수료증을 받으면 학교 대직(학교에 당직으로 근무하는 정식 근무자가 사정이 있어 근무를 못할 때 대신 근무하는 것)을 할 수 있으니 경비 교육부터 받으라고 했다. 경비 교육을 마치고 수료증을 받았다.

그러자 친구는 대직할 학교를 알려 주었다. 대직 하루 전날 오후, 학교를 찾아가서 정식 근무자를 만나 다음날 근무 할때의 근무 요령을 설명 들었다. 이때부터 학교 대직이 시작 됐다. 일주일에 한두번 대직을 했다. 대직하는 학교는 매번 바뀌었다. 그래서 처음 대직하는 학교는 꼭 대직 전날 오후에 직접 찾아가서 정식 근무자를 만나 근무 요령을 설명 들었다. 학교마다 근무 요령이나 환경이 모두 제각각이었기 때문이다. 이렇게 3개월이 지나갔다. 지금까지 대직을 한 학교의 수가 30곳 정도 된 것 같았다.

그동안은 모두 인천 지역 학교에서만 대직을 했다. 그런데 어느 날 일산지역 학교의 대직 의뢰가 들어왔다. 1주일간 계속 근무를 해야 한다고 했다.

대직 전 날 그 학교를 찾아가 정식 근무자를 만나

근무 요령을 설명 들었다. 그는 다음날 병원에
입원해서 수술을 받기로 되어 있다고 말했다.

　근무 3일째 되던 날 행정실의 주무관이 찾아
와 현재의 정식 근무자를 퇴직시킬 계획이라며
이 학교에 정식으로 근무할 의향이 있느냐고
물었다.

　갑작스러운 제안에 생각을 좀 해보고 내일
말해 주겠다고 했다. 집에 돌아와 아내와 의논
했다. 아내는 그동안 대직 근무를 할때마다 이
학교, 저 학교를 찾아다녔는데 이번 기회에 한
학교에 고정으로 근무하는게 좋겠다고 말했다.
퇴직 통고를 받은 근무자는 한달을 더 근무한

후 퇴직했다. 다음날부터 대직이 아닌 정식 근무자로 근무를 시작했다. 정식 근무 후 월급을 받을 때마다 파산 신청시 채권자 명단에서 제외했던 지인의 채무액을 매달 일정금액씩 갚기 시작했다. 수년이 걸려 모두 갚았다.

근무한 지 2년이 지났을 때 용역회사 소속 파견직 근무자에서 교육청 소속 교직원(공무직)으로 신분이 변경됐다. 급여도 인상됐고 근무 조건도 이전보다 훨씬 개선되었다. 대직으로 왔다가 눌러앉아 벌써 9년째 ○○중학교에서 근무 중이다.

그리고 큰아들은 호주에서 로펌 변호사로 활

동 중이고 작은아들은 모 공기업의 처장으로

재직 중이다

부록
—
못다 한 이야기

부록
못다 한 이야기

○ 노년기의 현역

인생의 노년기임에도 아직까지 현역 생활을
하고있는 것도 큰 행운인 것 같다. 노년기의
정기적인 수입은 젊은 시절에 아이들 키울
때 여러 가지 비용이 들어가는 것과 비교하
면 두 배 이상의 효과를 발휘한다. 예를 들어
노년기의 100만원의 수입은 젊은 시절 200
만 원의 수입에 버금가는 것 같다.

그리고 노년기 직장 생활은 경제적인 효과 외에 얻을 수 있는 것이 또 있다.

매일 직장에 출근해 해야 할 일을 처리하려면 여러 가지로 신경을 써야하므로 항상 머리를 써야 한다는 느낌을 갖게 된다. 즉 두뇌 활동을 활발히 하게 되므로 치매 예방 효과도 있을 것 같다. 거기에 학교 이곳저곳을 점검하러 다니다 보면 걷기는 필수 즉 운동 효과는 덤으로 얻을 수 있다.

○ 국민연금

학원 사업을 했던 나는 국민연금 의무 가입자가 아니고 임의 가입자였다. 어느 날 국민연금에 관한 기사가 신문지상에 크게 실렸다. 그 기사를 읽고 노후 생활에 보탬이 될 거라는 생각에 아내와 함께 가입했다. 매월 일정 금액을 10년간 납입 했다. 납입 완료 후 몇 년을 기다려 만 60세(지금은 만 65세)가 되니 매월 연금이 나오기 시작했다. 지금까지 받은 연금 총액은 10년간 납입한 총 보험료의 약 세 배가 되는 것 같다. 100세까지 산다면 아마도 7~8배가 되지 않을까? 국민연금에 가입한 것은 최고의 선택이었다고 늘 생각한다.

김광채
회고록

초판 1쇄 발행   2024년 11월 10일

지은이 김광채
편집 · 디자인 홍성주
펴낸곳 도서출판 위
주소 경기도 파주시 광인사길 115
전화 031-955-5117~8

ISBN 979-11-86861-40-0 03990